बालप्रहर

बबीता जसवाल

Made with ♥ on the Notion Press Platform
www.notionpress.com

मेरे पूज्यनीय पिताजी स्वर्गीय

श्री भागमल जसवाल जी

को समर्पित

क्रम-सूची

क्रम-सूची

क्रम-सूची

प्रस्तावना

प्रदोष, निशिथ, त्रियामा और उषा,
एक रात के चार प्रहर ।
पूर्वान्ह, मध्यान्ह, अपरान्ह और सायंकाल,
यह सब दिन के चार प्रहर ।
सब आठ प्रहर जब एक हुए,
तब बालकलम ने लिखे अक्षर ।
मन में उठी एक काव्य लहर,
और रचा गया फिर बालप्रहर ॥

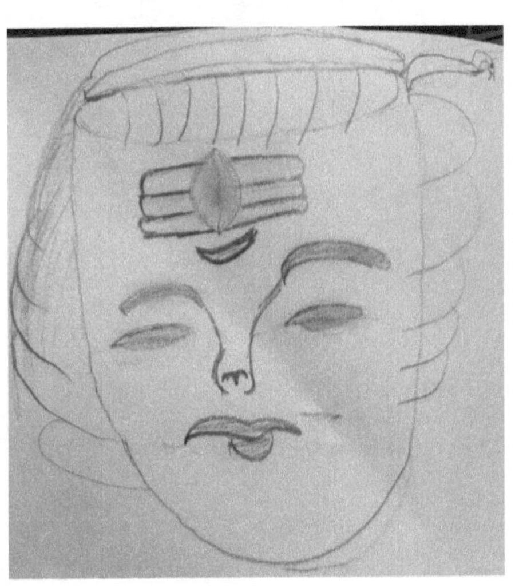

चित्रांकन:- दैविक खरयाल

भूमिका

मेरी रचना की प्रेरणा के पीछे अनेक परिस्थितियों की भूमिका रही है । अपने बाल और विद्यार्थी जीवन को जीते हुए मैंने कई नए अनुभव किए जो जिंदगी की दौड़ में धीरे-धीरे अचेतन मन में दब गए । फ्रांस के जीव वैज्ञानिक लैमार्क के अनुसार जिन अंगों का उपयोग कम किया गया वे समय के साथ-साथ विलुप्त हो गए । ठीक उसी तरह जिन बचपन के खट्टे-मीठे अनुभवों और स्मृतियों को सहेज कर नहीं रखा जाता वे या तो विलुप्त हो जाते हैं या फिर अचेतन मन में समा जाते हैं । मेरे साथ भी ठीक ऐसा ही हुआ । बढ़ती उम्र और बीते समय के साथ बचपन की वह सारी यादें अचेतन मन में इकट्ठा हो गईं जिन्हें दोबारा याद रखने का कभी मौका ही नहीं मिल पाया । जिंदगी की दौड़ का हिस्सा बनते हुए मैंने भी कई बाकी लोगों की तरह प्राथमिक, माध्यमिक, उच्च, वरिष्ठ माध्यमिक तथा उच्चतर शिक्षा को चुना । यह सभी सीढ़ियां पार करते-करते भारतीय परिवेश का एक अति महत्वपूर्ण पड़ाव, विवाह भी पार कर लिया । शादी के बाद जीवन में कई स्वाभाविक परिवर्तन हुए जैसा कि लगभग सभी नव विवाहित युवतियों के साथ होते हैं । वर्ष 2016 में जब मैंने अपनी पहली नौकरी एक प्राथमिक शिक्षिका के तौर पर शुरू की तो मुझे दोबारा बचपन में लौटने का मौका मिला । छोटे-छोटे बच्चों में घुल मिलकर बचपन की वह सारी यादें अचेतन मन से एक-एक करके बाहर निकल आई । इस सारे बाल्य काल को कैसे संगठित करके रखूं, यह एक बड़ा प्रश्न था । इस विषय पर जब मैंने अपने पति से बात की तो इसका हल भी निकल आया । हम दोनों ने इस विषय पर गंभीरता से सोचा तथा वर्ष 2023 में एक

लघु उपन्यास डाला बोटला लिखा जो स्कूली छात्राओं की पर्यावरण बाल क्रांति के ऊपर आधारित था । इससे उत्साहित होकर इस वर्ष मैंने अपना प्रथम काव्य संग्रह बालप्रहर लिखा जो एक बाल काव्य साहित्य है । मेरे मान्य पति श्री नवीन कुमार खरयाल का दांपत्य जीवन के अतिरिक्त लेखन क्षेत्र में भी भरपूर प्रोत्साहन रहा अतः उनका धन्यवाद करना मात्र औपचारिकता नहीं है । मेरा बेटा दैविक खरयाल भी सदैव मेरा हौसला बढ़ाता रहा है । मेरे सभी स्वजन-परिजन इस दिशा में बधाई के पात्र हैं जिनकी व्यक्त-अव्यक्त सहायता मुझे प्राप्त होती रही है ।

नोशन प्रेस प्रकाशन व उनके समस्त सहयोगियों का हृदय से धन्यवाद करती हूं जिनके कुशल प्रकाशन से यह कार्य साकार हो सका है । मेरे प्रथम काव्य संग्रह की एक कविता भी अगर किसी पाठक को अच्छी लगेगी तो लेखिका अपने प्रयास को सफल समझेगी ।

1. सरस्वती मातृवंदना

हे शारदे मां उपकार करो,
जीवन का अंधकार हरो 1
दो विद्या का वरदान हमें,
हो भले-बुरे का ज्ञान हमें ।।
अभी घड़ा हुनर का खाली है,
पर मस्तिष्क बड़ा अभिमानी है ।
कुछ कृपा कर दो ऐसी मां,
इस रिक्त कुंभ को भर दो मां ।।
तुम सर्वस्व कला की देवी हो,
किसी एक कला से भर दो मां ।
हम दैविक और अलौकिक हों,
ऐसी दया दृष्टि कर दो मां ।।
जब सिर पर हाथ तुम्हारा हो,
हम मेहनत करते जाएंगे ।
मां जब साथ तुम्हारा हो,
हम और निखरते जाएंगे ।।
हे महामाया, है वरप्रदा,
तेरी ही महिमा गाते हैं ।
हे महाभुजा, हे श्रीप्रदा
हम चरणों में शीश झुकाते हैं ।।

2. हिमाचल जय जय

हिम के हैं जो वीर,
चट्टानों को देते चीर ।
मन में ना रखते भय,
हिमाचल जय जय ॥
यहां के भोले-भाले लोग,
बड़े निश्छल मन वाले लोग ।
यहां जीवन है शांतिमय,
हिमाचल जय जय ॥
कहीं पर ढाठु- टोपी है,
कहीं पर चोला-डोरा है ।
यहां पर्वत भी है मणिमय,
हिमाचल जय जय ॥
कहीं बोली मंडियाली है,
और कहीं पर गदियाली हैं ।
यहां मेले भी हैं भक्तिमय,
हिमाचल जय जय ॥
जान से प्यारा है,
यह प्रदेश हमारा है ।
गौरवशाली है परिचय,
हिमाचल जय जय ॥

3. प्रकृति वंदना

हे धरा, हे गगन,
हे जल, हे पवन ।
तुमसे ही मिला हुआ,
हर जीव-जंतु को जन्म ॥
हे रवि, हे चंद्रमा,
तुमको है मेरा नमन ।
यह रोशनी यह चांदनी,
सब कुछ तुम से पाएं हम ॥
सागर और नदियों में,
जल के भंडार भरे रहें ।
अंबर को चूमते हुए,
पर्वत विशाल खड़े रहें ॥
सूक्ष्म, विषैले, खूंखार जीव,
सब तेरी शरण में पल रहे ।
सभी तरह के मौसम भी,
तेरी ही कृपा से चल रहे ॥
सब रंग रूपों को तेरे,
यूं ही निहारते जाएं हम ।
हे मां प्रकृति तुझे नमन,
जयगान तेरा ही गाएं हम ॥

4. प्रार्थना

अपनी मातृभाषा पर हो गर्व मुझे,
दूसरी भाषाओं का भी हो ज्ञान ।
मातृबोली को रख लूं सहेज कर,
बाकी बोलियां का करूं सम्मान ॥
कभी किसी दूजे धर्म का,
मेरे हाथों ना हो अपमान ।
स्वधर्म का पालन करता जाऊं,
हे प्रभु मुझको देना ऐसा वरदान ॥
सब सभ्यताओं की समझ रहे,
सब संस्कृतियों को समझूं समान ।
तेरे-मेरे का सब भेद हो खत्म,
सब प्रजातियों का रखूं ध्यान ॥
कट्टरता मुझ में रहे ना बाकी,
जब तक रहें मुझ में प्राण ।
गिरते को उठाना सीख लूं,
बना रहूं एक बेहतर इंसान ॥
हे परमपिता परमेश्वर मेरी,
इच्छाशक्ति रखना सदा बलवान ॥

बबीता जसवाल

5. नन्ही आंखों की जोड़ी

उस रंगसाज को ढूंढ रही है ,
नन्ही आंखों की जोड़ी ।
जो रंग फूलों में भरता है,
इंद्रधनुष को रोशन करता है ॥
उस घड़ी साज को ढूंढ रही है,
नन्ही आंखों की जोड़ी ।
जो समय की चाबी भरता है,
नित अंधेरा-उजाला करता है ॥
उस महाबली को ढूंढ रही है,
नन्ही आंखों की जोड़ी ।
जो धरती रोज घुमाता है ।
और दिशा बदलता जाता है ॥
उस दानवीर को ढूंढ रही है ।
नन्ही आंखों की जोड़ी ।
जो कछुए से भोले जीव को भी,,
कठोर कवच दे जाता है ॥
उस ऊर्जा स्रोत को ढूंढ रही है,
नन्ही आंखों की जोड़ी ।
जो जल-थल-नभ सब में ,
जीवन संचय करता है ॥

6. अन्नदाता

हे अन्नदाता, हे अन्नदाता,
तुम मिट्टी में, तुम रेत में ।
अन्न के भंडार भरे तब तक,
जब तक तुम खड़े खेत में ॥
इस तन झुलसाती गर्मी में,
कैसे अटल अडिग रहते हो ।
इस हाड़ कंपाती सर्दी को,
खेत में कैसे सहते हो ॥
अकाल में भी रहे खड़े ,
बाढ़ से भी ना डरे ।
बार-बार शून्य हुए मगर
फिर भी तुम साहस से भरे ॥
जब बर्फ जमाती सर्दी में,
सब ओढ़ रजाई सोते ।
अन्नदाता तुम बिन चादर के
खेत में हल जोत रहे होते ॥
तुम एक हरा तोता हो ऐसा,
जिसके गले में सबकी जान हो ।
कर्जदार है समूचा देश तुम्हारा,
अन्नदाता तुम मिट्टी की शान हो ॥

7. होली आने वाली है

बाबा होली आने वाली है,
नई उमंग छाने वाली है ।
बनकर सयाने रंग डालेंगे,
किसी भी अनहोनी को टालेंगे ॥
रिंकी, पिंकी, बबलू, सोनू,
सब मिलकर रंग लगाएंगे ।
ध्यान से खेलेंगे अबकी होली,
आंख-कान-नाक सब बचाएंगे ॥
सूखे गुलाल से रंग लगाएंगे,
ना जल व्यर्थ गंवाएंगे ।
खेलकूद घर जाएंगे,
और अतिशीघ्र नहाएंगे ॥
शाम को सब होंगे इकट्ठे,
बूढ़े, जवान या हों फिर बच्चे,
सब आंगन में मिल जाएंगे,
और मिल-बांट मिठाई खाएंगे ॥
ढोलकी, चिमटा, बाजा लेकर,
युवा मंडली आने वाली है ।
अब सब पर मस्ती छाने वाली है,
क्योंकि बाबा होली आने वाली है ॥

8. शूलिनी मेला

मई आधा बीत चुका है,
अब जून भी आने वाला है ।
मशरूम नगरी सोलन में,
हर्ष उल्लास छाने वाला है ॥
खूब सजेगा शहर उस दिन
झूले, झालर भी लग जाएंगे ।
शूलिनी मेला आने वाला है मां,
हम भी मेले में जाएंगे ॥
शूलिनी माता के मंदिर में,
पहले शीश झुकाएंगे ।
यह सोलन का गौरव है मां,
हम भी मेले में जाएंगे ॥
मां मैं वादा करता हूं कि,
हर बात आपकी मानूंगा ।
गृह कार्य हो या अनुशासन,
कोई बात ना टालूंगा ॥
ठोडो मैदान में होने वाले,
हर कार्यक्रम का आनंद उठाएंगे ।
शूलिनी मेला आने वाला है मां,
हम भी मेले में जाएंगे ॥

9. निखट्टू राम

निखट्टू राम, निखट्टू राम,
पूरे गांव में यह बदनाम ।
मेहनत करने से यह कतराता,
झांसा देना इसका काम ॥
ना काम करे, ना पैसा जोड़े,
पड़ा-पड़ा पलंग को तोड़े ।
पूरा दिन बस करता आराम,
आलस करे निखट्टू राम ॥
दोपहर तक सोकर उठता,
घर वाले भी इससे परेशान ।
बिना पैसों के दाम पूछता,
उधारी पर लाता सब सामान ॥
एक दिन लाला से हुई खूब लड़ाई,
उधारी उससे जब ना गई चुकाई ।
बंद हुआ फिर राशन पानी,
लालाजी ने पलंग उठाई ॥
घर वालों ने घर से भगाया,
निखट्टू आज बहुत पछताया ॥
मेहनत करके आगे बढ़ना बच्चो,
परिश्रम से करना सब काम ।
आलस करोगे तो तुम भी एक दिन ,
बन जाओगे निखट्टू राम ॥

10. चंचल, चपल, चतुर चिंपू

डाल-डाल पर डोले चिंपू,
खप्प खप्प कर क्या बोले चिंपू ।
बड़ी आंखों से हमें डराता,
पलभर में ओझल हो जाता ॥
टंकी का ढक्कन तोड़ दे चिंपू,
टीवी का एंटीना मोड़ दे चिंपू ।
जब भी घर की छत पर आए,
कूदे-फांदे खूब बवाल मचाए ॥
दादा का चश्मा चुराए,
दादी की रोटी ले जाए ।
जहां बड़ों को खूब सताए,
बच्चों को यह खूब हंसाए ॥
जब भी झुंड में आए चिंपू,
सब तहस-नहस कर जाए चिंपू ।
सब्जी फल सब खा जाए,
कभी किसी के हाथ ना आए ॥
चिंपू की मजबूरी भोजन,
वरना कभी शहर ना आए चिंपू ।
जंगल में घरों को खोते चिंपू,
वनवासी से शहरी होते चिंपू ॥

11. एक पहाड़ी-ठेठ पहाड़ी

हिम के आंचल में रहने वाला,
एक पहाड़ी, ठेठ पहाड़ी ।
मूल हिमाचल का परिचायक,
एक पहाड़ी, ठेठ पहाड़ी ॥
लाल-हरी टोपी सिर पर,
एक पहाड़ी, ठेठ पहाड़ी ।
भरमोरी चोला-डोरा पहने,
एक पहाड़ी, ठेठ पहाड़ी ॥
बूढ़ी दिवाली के देव-असुर मे,
एक पहाड़ी, ठेठ पहाड़ी ॥
चंबा में मिंजर ले जाता,
एक पहाड़ी, ठेठ पहाड़ी ॥
छोटी काशी की शिवरात्रि में,
एक पहाड़ी, ठेठ पहाड़ी ।
कुल्लू दशहरे के देव दर्शन में,
एक पहाड़ी, ठेठ पहाड़ी ॥
हिमाचल की हर बोली में,
एक पहाड़ी, ठेठ पहाड़ी ।
हिमाचली धाम की पत्तल थामे
एक पहाड़ी, ठेठ पहाड़ी ॥
सिरमौरी नाटी का नर्तक,
एक पहाड़ी, ठेठ पहाड़ी ।

ढोल की थाप, बांसुरी के सुर में,
एक पहाड़ी, ठेठ पहाड़ी ॥
पीठ पर पहाड़ को ढोता,
एक पहाड़ी, ठेठ पहाड़ी ।
मूल हिमाचल का परिचायक,
एक पहाड़ी, ठेठ पहाड़ी ॥

12. नींद प्यारी

नींद प्यारी, नींद प्यारी,
जल्दी क्यों ना खुल जाती हो ।
मम्मी-पापा और बड़ी बहन से
क्यों रोज डांट पड़वाती हो ॥
तुम स्वप्न दिखाती मीठे-मीठे,
मैं पड़ा रहूं आंखों को मीचे ।
हाथ में लेकर जल का लोटा,
दीदी मुंह पर मारे छींटे ॥
नींद प्यारी, नींद प्यारी,
सुबह-सुबह है स्कूल की बारी ।
कुछ तो मुझ पर तरस खाओ,
मुझको अभी यूं ना सताओ ॥
नींद प्यारी अब चली भी जाओ,
क्यों बैठी हो सिरहाने पर,
मम्मी ने भी हुकुम दिया है
नाश्ता मिलेगा नहाने पर ॥
जो भी मांगोगी वह दे दूंगा,
पर मुक्त करो काले जादू से ।
सुबह-सुबह मैं निकलूं कैसे,
नींद तुम्हारे काबू से ॥

13. दादू जी

सुन बच्चों की धमाचौकड़ी,
आंगन में दौड़े आते हैं ।
कुछ इस तरह दादू जी अब,
जोड़ों के दर्द मिटाते हैं ॥
कब के छूटे खेलों को अब,
बच्चे पुनः याद करवाते हैं ।
सब नियम ताक पर रखकर,
दादू को साथ खेलाते हैं ।
चढ़ती सांसों को काबू में करके,
बच्चों संग दौड़ लगाते हैं ।
भले दवाई याद न रहती,
पर टॉफी जेब में रखते हैं ।
पुराने आंगन के नए मित्रों को,
दादू भला कैसे भूल सकते हैं ॥
कभी-कभी दादी झुंझलाती,
दादू को उम्र की याद दिलाती ।
पर दादू हंसते-खिलखिलाते,
बुढ़ापे को यूं ही ठेंगा दिखाते ॥
छुपन-छुपाई खेल रहे हैं,
बुढ़ापे से पापा के पापा ।
बच्चों को ढूंढ रहे दादू जी,
और दादू जी को खोजे बुढ़ापा ॥

14. बड़ा कलेजा वीर का

धन्य हुई पालम की धरती,
अमर हुई उस वीर की गाथा ।
जो रुख मोड़ दे हवा में तीर का,
बड़ा कलेजा उस वीर का ॥
लव-कुश की जोड़ी का लव था,
खेलकूद में भी अव्वल था ।
गजब हौसला उस नन्हे धीर का,
बड़ा कलेजा उस वीर का ॥
लव से जब विक्रम बना,
तब देश प्रेम ने उसको चुना ।
फिर शुरू हुआ खेल तकदीर का,
बड़ा कलेजा उस वीर का ॥
फिर छोड़-छाड़ कर सब मौज को,
चुना उसने देश की फौज को ।
दामन थामा कश्मीर का,
बड़ा कलेजा उस वीर का ॥
कभी कैप्टन, कभी शेरशाह,
देश प्रेम की मन में थी चाह ।
प्रहरी कारगिल की प्राचीर का,
बड़ा कलेजा उस वीर का ॥
' यह दिल मांगे मोर' बोलकर,
हटा नहीं मैदान छोड़कर ।

बत्रा जी का प्यारा बेटा,
आखिरकार तिरंगे में लेटा ॥
धन्य हुई पालम की धरती,
और धन्य हुए वे पिता और माता ।
पलट दे लेख जो तकदीर का,
बड़ा कलेजा उसे वीर का ॥

15. सौरमंडल की लघु कहानी

आओ बच्चों तुम्हें सुनाएं,
सौरमंडल की लघु कहानी ।
रहस्य, रोमांच औरअटकलों से भरी,
सुनो स्वयं अंतरिक्ष की जुबानी ॥
वर्षों पहले मैंने देखी 'निहारिका'
जिसे अंग्रेजी में कहा गया 'नेबुला'
सब कुछ धुंधला-धुंधला सा था,
जैसे धूल-गैस का कोई गोला ॥
होकर ठंडा लगा घूमने,
जैसे मथने में पड़ा हो मक्खन ।
मध्य भाग से बन गया सूरज,
और आठ गेंदो से बने अष्ट ग्रह ॥
तपता सूरज लगा चमकने,
बड़े भाई सा रौब दिखाने ।
आठ ग्रहों के सब गुण पढ़ कर,
सबको क्रम में लगा लगाने ॥
निकट सूर्य के ठहरे क्रमशः,
बुध, शुक्र, पृथ्वी और मंगल ।
पृथ्वी को हम सब माता मानें,
सिर्फ यहीं है जीवन संभव ॥

शनि, बृहस्पति,अरुण और वरुण,
चारों गैसों से भरे पड़े हैं ।
दूर बसेरा इनका सूरज से,
रहस्यमय से बने पड़े हैं ॥
जितना जानो उतनी कम है,
सौरमंडल की अद्भुत माया ।
कहीं गैस है कहीं ठोस है,
कहीं धूप है, कहीं है छाया ॥

16. निराली पतंग

बसंत में हर पतंग
चली गगन की ओर ।
हर किसी को यही है डर
कोई काट ना दे उसकी डोर ॥
निराली पतंग अंबर की रानी,
करती फिरती अपनी मनमानी ।
पतंग बाज को समझे नीचा,
करना चाहे रॉकेट का पीछा ॥
पतंग बाज ने खूब समझाया,
संगठन का पाठ पढ़ाया ।
डोर ने भी चाही उसकी भलाई,
पर भैंस के आगे बीन बजाई ॥
डोर को समझे गले का फंदा,
और पतंग बाज को अक्ल का अंधा ।
उसकी जिद पर दोनों चुप,
निराली हो गई बंधनमुक्त ॥
कटी पतंग अब उड़ती जाए,
खुली हवा में मौज उड़ाए ।
नील गगन में हवा का झोंका,
निराली को लग गया धोखा ॥
हवा का झोंका बना बवंडर
और उड़ा सागर की ओर ।

कैद निराली थर थर कांपे,
याद आए पतंग बाज और डोर ।
बंधे-बंधाए दिन ही अच्छे
जब साथ हों साथी सच्चे ॥
आजादी का ना कोई महत्व विशेष,
जब पता न हों दिशा और निर्देश ॥

17. पहचानो मैं हूं कौन

1) सत्याग्रह अपनाया था,
चरखा भी चलाया था ।
साबरमती में रहते थे,
अहिंसा की जय कहते थे ॥
2) इंकलाब के नारों को
झूम-झूम कर गाया था ।
सिरहाने खड़ी मौत को,
हंस कर गले लगाया था ॥
3) चिड़ियों के संग बाज लड़ाते थे,
कलगीधर कहलाते थे
चार साहिबजादों को वार दिया
अपना भी जीवन त्याग दिया ॥
4) मिसाइल मैन थे देश के
भारत रत्न भी पाया ।
सर्वोच्च पद पर रह चुके,
वैज्ञानिक बनकर नाम कमाया ॥
5) गुरुदेव कहलाते हैं,
नोबेल पुरस्कार के धारक हैं ।
हमारे राष्ट्रगान के रचनाकार हैं,
एक बड़े साहित्यकार हैं ॥
6) वह आजीवन आजाद रहे,
अंग्रेज सरकार से कभी ना डरे ।

अपनी पिस्तौल की आखिरी गोली पर,
बलिदान लिखकर स्वयं मरे ॥
7) वह एक किले की रानी थी,
एक योद्धा जानी मानी थी ।
पुत्र को पीठ पर बांधकर लड़ी,
सन सत्तावन की बड़ी निशानी थी ॥
उत्तरमाला:- 1. महात्मा गांधी 2. सरदार भगत सिंह 3.
गुरु गोविंद सिंह 4. डॉक्टर एपीजे अब्दुल कलाम 5. श्री
रविंद्र नाथ टैगोर 6. चंद्रशेखर आजाद 7. रानी लक्ष्मीबाई

18. काला कागा

बहस चली भई बहस चली,
काले कागा पर बहस चली ।
क्यों छत पर डेरा डाला है,
यह किसको बुलाने वाला है ।।
मुन्ना बोला मामू आएंगे,
ढेर खिलौने लेकर आएंगे ।
मुनिया बोली बुआ आएगी,
प्यारी सी गुड़िया लाएगी ।।
पापा बोले भैया आएंगे,
दिन भर फिर बतियाएंगे ।
शाम को ठंडी लस्सी पीने,
पंजाबी ढाबे पर जाएंगे ।।
मम्मी बोली बहना आएगी,
मनपसंद कचौड़ी लाएगी ।
दिन भर की टकटकी के बाद,
शाम को सब उदास हैं ।
काले कागा के बुलावे पर भी,
कोई अतिथि ना पास है ।।
काले कागा तेरी कांए- कांए पर,
रहा ना कोई विश्वास है ।
आज सब कह रहे हैं कि,
यह सब बस अंधविश्वास है ।।

19. गलती और झूठ

एक दिन की बात सुनाएं,
गलती हो गई भारी ।
परीक्षा देने बैठा राजू,
बिना किए तैयारी ॥
खेल कूद के लालच में,
घर वालों को उल्लू बनाया,
पिछले दिन तो राजू ने,
पुस्तक को ना हाथ लगाया ॥
अंक देखकर होश उड़ गए,
मिल गया शून्य अंडा ।
घर वालों के हस्ताक्षर मांगे तो,
मैडम के आगे राजू पड़ा ठंडा ॥
एक शैतानी सूझी उसको,
काम किया घर में पहला ।
शून्य से पहले एक लगाकर
बना दिया फिर उसको दहला ॥
दादी भी थी कम साक्षर,
करा लिए उससे हस्ताक्षर ।
शून्य से दस अंक बनाकर,
खुश हुआ शाबाशी पाकर ॥
सुबह स्कूल जाने से पहले,
मम्मी ने जब अंक जोड़े ।

फूट-फूट कर रोए राजू,
जब पापा ने कान मरोड़े ॥
राजू ने फिर गलती मानी,
सदा सच बोलने की ठानी ।
दादी ने भी उसको समझाया,
झूठ बोलने का नुकसान बताया ॥
एक सच छुपाने को बच्चो,
बोलने पड़ते हैं सौ झूठ ।
गलती की माफी मिलती है लेकिन,
झूठे को मिले ना कोई छूट ॥

20. मलाई चोर

रात को जब सब सोए ओढ़ रजाई,
फिर तेज आवाज रसोई से आई ।
सुनकर दादी नींद से जागी,
सरपट चूल्हे की ओर भागी ॥
दूध का बर्तन गिरा हुआ था,
नीचे दूध बिखरा हुआ था ।
चिकनी फर्श पर फिसला पैर,
दादी गिर गई देखे बगैर ॥
'पकड़ो-पकड़ो, चोर-चोर'
दादी ने मचाया शोर ।
सब ने मिलकर जोर लगाया,
दादी को कुर्सी पर बिठाया ॥
दादी का था चश्मा टूटा,
उसका गुस्सा सब पर फूटा ।
'अरे निकम्मो चोर को पकड़ो,
यहां खड़े-खड़े ना अकड़ो' ॥
जिसने खाई मेरी मलाई,
उसकी समझो शामत आई ।
शक से देखे सबकी ओर,
सबको समझे मलाई चोर ॥
सबने गांव का चक्कर लगाया,
पर चोर कहीं नजर ना आया ।

दादी का फिर से मुंह फूला,
वह तो हो गई आग बबूला ॥
इतने में कोने से आहट आई,
कालू बिल्ला दिया दिखाई ।
मुंह पर मलाई लगी हुई थी,
मूंछें दूध से सनी हुई थी ॥
पकड़ा गया मलाई चोर,
सब लपके कालू की ओर ।
महंगी पड़ी दादी की मलाई,
जमकर होगी आज पिटाई ॥

21. कोल्हू का बैल

ओ कोल्हू के बैल,
तुझे सेठ ने खूब छकाया ।
स्वामी भक्ति के बदले में,
क्यों बुद्धि गिरवी रख आया ॥
वह भी क्या दिन थे,
जब तू हरा-हरा चरता था ।
अपनी मौज का मालिक था,
अपनी मर्जी से पेट भरता था ॥
फिर कोल्हू के मालिक से,
क्यों कर ली तूने यारी ।
दो मुट्ठी चनों का लालच,
अब पड़ गया तुझ पर भारी ॥
कोल्हू के वृत्त चक्र में,
जब से लगा स्वप्न देखने,
लाला तेल कनस्तर भर-भर,
शहर में जाकर लगा बेचने ॥
निर्बल हुआ शरीर तो,
तूने अब घुटना टेका ।
अगले ही पल सेठ ने,
तुझे कोल्हू के बाहर फेंका ।
समय बड़ा बलवान,
अब तू क्यों पछताए ।

ओ कोल्हू के बैल,
कौन सा गणित लगाए ॥
दोनों का भाग्य एक,
बैल हो या सरसों की बोरी ।
दोनों को ही खूब निचोड़कर,
सेठ ने भरी अपनी तिजोरी ॥

22. मुन्नी और पहाड़ा

एक एकम एक,
मुन्नी ने लिखा सुलेख ।
एक दूनी दो,
मुन्नी अब हाथ धो ॥
एक तीयां तीन,
मुन्नी खाए नमकीन ।
एक चौका चार,
मुन्नी ना माने हार ॥
एक पंजा पांच,
कर लो अक्षर की जांच ।
एक छेयां छह,
मुन्नी अब पढ़ ले ॥
एक सत्ता सात,
मुन्नी तुम मान लो बात ।
एक आठम आठ,
मुन्नी तू पढ़ ले पाठ ॥
एक नौआ नौ,
मुन्नी गई सो ।
एक दहाया दस,
मुन्नी की हो गई बस ॥
मां, मुन्नी, चिंता और मस्ती,
घुलमिल कर शिक्षा बन जाती हैं ।

23. बाल मजदूर और शिक्षा

है शिक्षा का अधिकार उसे,
पर रोके कहीं कोई दीवार उसे ।
चलो आओ दीवार गिरा दें हम,
बाल मजदूर को ढूंढ निकालें हम ॥
किसी ईंटों के ढेर के पीछे
वह सुबक-सुबक कर रोता होगा ।
तपते लावे सी भट्टी में से,
पक्की ईंटों को ढोता होगा ॥
किसी सेठ के ढाबे पर,
वह झाड़ू-पोंछा करता होगा ।
अनगिनत गालियां खाता होगा,
फर्श पर ही सो जाता होगा ॥
किसी कारखाने के रजिस्टर पर,
उसकी उम्र गलत चढ़ी होगी ।
जाने कौन सी ऐसी मजबूरी,
उसके घर पर बड़ी होगी ॥
कोई भी मजबूरी हो उसकी,
हर हाल में उसे पढ़ाना होगा ।
विद्या के मंदिर में लाकर,
विद्यार्थी उसे बनाना होगा ॥

24. प्रथम शिक्षिका मां

नौ माह तक पेट में रखकर,
बच्चों का आकार बनाती ।
प्रथम शिक्षिका मां उन्हें,
फिर इस दुनिया में ले आती ॥
बच्चा जब भी बोले तोतला,
मां खुद भी है तुतलाती ।
प्रथम शिक्षिका मां रात को ,
लोरी गाकर उसे सुलाती ॥
सर्वप्रथम घुटने के बल पर,
चलना उसे सिखाती ।
फिर प्रथम शिक्षिका मां उसके,
कदम से कदम मिलाती ॥
खेल-खेल में साथी बनकर,
जीवन के सब पाठ पढ़ाती ।
पाठशाला भेजने से पहले,
संस्कार के पाठ सिखाती ॥
बिना पुस्तक बिना पाठ्यक्रम के,
अपना विद्यालय चलाती ।
प्रथम शिक्षिका मां सदा,
बच्चों को निशुल्क पढ़ाती ॥

25. पौधे का संदेश

वन महोत्सव पर लगे पौधे ने,
चुपके से जब मुझे बुलाया ।
बेबस और उदास होकर,
किस्सा दर्द भरा सुनाया ॥
पिछले साल की है बात,
जब वन महोत्सव सब ने मनाया था ।
साहब लोगों की टोली ने तब उसे,
बड़े शौक से यहां लगाया था ॥
एक मजदूर ने गड़्ढा खोदकर,
उसमें खाद मिलाई थी ।
एक साहब ने बड़े चाव से,
कर दी उसकी रोपाई थी ॥
पर उसके बाद यहां पर,
कोई भी नहीं आया भाई ।
प्यासे पौधे ने मुझसे की दुहाई,
मित्र तुम तो कर दो मेरी सिंचाई ॥
पानी डाला तो पौधा बोला,
मेरा संदेश सुनो मेहमान ।
पेड़-पौधा तभी लगाना,
जब रख पाओ उनका पूरा ध्यान ॥

26. आओ कुछ ठान लें मन में

हमें सुरक्षित रखते-रखते,
त्याग गए जो अपने प्राण ।
आखिर कैसे भूल गए हम
उन शौर्य वीरों का बलिदान ॥
लोहे का सीना होगा उनका,
होंगे अपनी धुन के पूरे पक्के ॥
बाकी हम तुम जैसे ही तो होंगे,
अपने मां-बाप के दुलारे बच्चे ॥
चट्टानों से खड़े हो गए,
बंदूक के आगे सीना तान ।
कुछ वर्दी में, कुछ बिना वर्दी के,
कुछ नायक तो कुछ गुमनाम ॥
वीरों की भूमि रहा हिमाचल,
फिर हम क्यों पीछे रह जाएं ।
कश्मीर से कन्याकुमारी तक,
चलो अपना दायित्व निभाएं ॥
आओ कुछ तो ठान लें मन में,
जिसे जीवन का लक्ष्य बनाएं ।
उन वीरों के पद चिन्हों पर,
हम भी अपने कदम बढ़ाएं ॥

27. थोड़ा सा खोजी हो जाना

क्यों, कैसे, कब और कहां,
यह प्रश्न सदैव पूछते जाना ।
ओ मनमौजी अब तू भी,
थोड़ा सा खोजी हो जाना ॥
सब कुछ यूं ही ना मान लेना,
थोड़ा दिमाग की घंटी बजाना ।
ओ मनमौजी अब तू भी,
थोड़ा सा खोजी हो जाना ॥
एडिसन के मन में भी,
जब जिज्ञासा भर के आई ।
जग को जगमग कर दिया उसने,
ओ मेरे मनमोजी भाई ॥
सेब गिरा जब न्यूटन पर तो,
जाग उठी उसकी जिज्ञासा,
खोजी बनकर खोज दी उसने,
गुरुत्वाकर्षण की परिभाषा ॥
जाग जा तू भी गहरी नींद से,
मन में अपने विश्वास जगाना
ओ मनमौजी अब तू भी,
थोड़ा सा खोजी हो जाना ॥

28. हम श्रमिकों की बस्ती में

हम श्रमिकों की बस्ती में,
हुआ करते चमत्कार नहीं ।
कच्ची मिट्टी के सपने अपने,
और हिस्से में रविवार नहीं ।।
आलीशान भवनों को रचते लेकिन,
उन में रहने का अधिकार नहीं ।
कभी हफ्तों मिलता काम नहीं,
कभी समय पर पगार नहीं ।।
आधी-अधूरी कमाई से,
चल पाता अब घर-बार नहीं ।
हम श्रमिकों की मांगों पर,
क्यों करता कोई विचार नहीं ।।
हम पर बीते हादसों का,
होता कोई जिम्मेदार नहीं ।
हम बस गिनती के नंबर भर हैं,
जिन तक पहुंचे सरकार नहीं ।।
हम तो जैसे-तैसे जीते हैं,
जीवन का ठोस आधार नहीं ।
क्योंकि हम श्रमिकों की बस्ती में
हुआ करते चमत्कार नहीं ।।

29. पापा

भोर होने से पहले ही,
दूर कमाने जाते पापा ।
कभी बच्चों के सो जाने पर ही,
लौट कर घर वापस आते पापा ॥
हम बच्चों की हुल्लड़बाजी में ,
खुद को सहज ना पाते पापा ।
बहुत जोर लगाने पर ही,
साथ नाचते-गाते पापा ॥
पार्टी जश्नों की चकाचौंध में,
थोड़े से शरमाते पापा ।
घर की बहुत सी तस्वीरों में,
कुछ पीछे रह जाते पापा ॥
दिल की बात न खुल कर कहते,
कहते-कहते रुक जाते पापा ।
जीवन के सब मूल्यों को,
बस इशारों में समझाते पापा ॥
दिन-भर की अपनी परेशानी को,
हम सब से ना बांटते पापा ।
बार-बार पूछे जाने पर,
कभी-कभी डांटते पापा ॥
बाहर से जैसे दिखते रहते,
उतने कठोर ना होते पापा ।

तभी परिवार के हर एक मोती को,
एक माला में पिरोते पापा ॥
किसी बड़ी वीर गाथा के,
गुमनाम नायक हैं पापा ।
जीवन के ऊबड़-खाबड़ पथ के
सबसे बड़े सहायक पापा ॥

30. नंदन काका की चंचल भैंस

नंदन काका ने भैंस को पाला,
नाम चंचल उसको दे डाला ।
हरा-हरा ही खाती घास,
एरो-गैरों को ना फटकने दे पास ॥
भरपेट खल-बिनोले खाती,
चंचल अब फूला ना समाती
नंदन काका करते पूरी सेवा,
बदले में पाते दूध, दही और मेवा ॥
सब ग्वालों में नंदन के चर्चे,
अब पूरे होते घर के सब खर्चे ।
दूध बाजार में मच गया शोर,
सब की नजर चंचल की ओर ॥
बनकर व्यापारी कल्लू चोर,
आया नंदन के घर की ओर ।
चंचल का सौदा करने आया,
काका ने उसे घर से भगाया ॥
सेंध लगाकर पशु शाला में
घुसा रात को कल्लू चोर ।
चंचल को रोटी दिखाकर,
बढ़ने लगा खूंटे की ओर ॥

पर चंचल थी हट्टी-कट्टी,
देकर मारी एक दुलत्ती ।
मार दिया हाथ पर सींग,
खुल गई नंदन काका की नींद ॥
उसने जमकर शोर मचाया,
गांव वालों को उधर बुलाया ।
पकड़ा गया घायल कल्लू चोर,
खुल गई उसकी पूरी पोल ॥
देख कर बहादुरी चंचल की,
नंदन काका फूला ना समाया ।
बुलाकर फिर दरोगा जी को,
कल्लू चोर को मजा चखाया ॥

31. नानी

इस बार की छुट्टियों में नानी,
तुम मेरे घर चली आना ।
मामू और मामी जी को भी,
अपने साथ में लेती आना ॥
मेरी ट्यूशन, मेरी पढ़ाई,
अब और भी हो गई है भारी ।
नानी जी इस बार कर रही हूं,
बोर्ड की परीक्षा की तैयारी ॥
बहुत खिलाया तुमने जी भर के,
इस बार मेरे हाथ का खा लेना ।
नानी अब की बार तुम,
सेवा का मौका मुझको देना ॥
नया-नया सीखा है मैंने,
कई स्वादिष्ट व्यंजनों को बनाना ।
तुम हाथ चाटती रह जाओगी नानी,
जब खाओगी मेरे हाथ का खाना ॥
कभी रसमलाई खिलाऊंगी ।
कभी सुगंधित चाय पिलाऊंगी ॥
तुम बहुत याद आती हो नानी,
बेझिझक चली आओ ना ।
बन जाओ मेरी मेहमान अभी,
बहाना कोई नया बनाओ ना ॥

32. मेरे विद्यालय से निकले मोती

मेरे विद्यालय से निकले मोती,
तुमने आज अपना जब नाम चमकाया ।
मुझ शिक्षक का सिर भी तुमने
गर्व से ऊंचा उठाया ॥
सफलतम विद्यार्थियों की सूची में,
जब पाया तेरा नाम ।
आंखों में छलके खुशी के आंसू,
तुझ पर पुनः हुआ मुझे अभिमान ॥
मुझे याद है प्रथम कक्षा में,
जब तू पढ़ने आई थी ।
थोड़ी थी खुशी चेहरे पर,
और थोड़ी सी घबराई थी ॥
फिर तेरे अभिभावकों ने,
तुझे मुझको सौंप दिया ।
तूने भी ना मुड़कर पीछे देखा,
सब कुछ शिक्षा में झोंक दिया ॥
आज तेरे संग मेरे भी,
परिणाम की थी तारीख ।
मेरे विद्यालय से निकले मोती,
तुझ संग सदा मेरा आशीष ॥

33. जादू-वादू-आत्मविश्वास

एक निर्धन बाल खिलाड़ी वीरा,
जैसे कोई बिना तराशा हीरा ।
नंगे पैर मैदान में भागे,
और रहे फिर सबसे आगे ॥
कोच साहब ने देखा किस्सा,
बना लिया उसे टीम का हिस्सा ।
छात्रावास में उसे ठहराया,
दौड़ का हर एक गुर सिखाया ॥
एक चमकती जूतों की जोड़ी,
कोच साहब ने खरीद कर लाई ।
पर वीरा का स्वाभिमान देखकर,
उसके बिस्तर के नीचे छुपाई ॥
साथ में कागज पर लिखा,
जादू-वादू और आत्मविश्वास ।
सुबह उठकर चौंका वीरा,
जूते देख बिस्तर के पास ॥
पहनकर जादू-वादू जूते,
उसका जोश लगा जागने ।
इन जूतों को जादुई मानकर,
गोली सा फिर लगा भागने ॥
एक रात जब उड़न वीरा,
सोया था जादू-वादू को छुपा कर

कोई घर का भेदी मौका पाकर,
भाग गया जूतों को चुराकर ॥
सुबह वीरा के उड़ गए होश,
खत्म हो गया सारा जोश ।
जादू-वादू के खो जाने से,
मन में आया भारी रोष ॥
कोच साहब ने उसको समझाया,
जादू-वादू सब है बकवास ।
तेरी कला है तेरे पैरों में,
और जीत का मंत्र आत्मविश्वास ॥

34. हिम के आंचल के वासी

ओ हिम के आंचल के वासी,
तू क्यों कष्ट से घबराए ।
इन छोटी-छोटी चोटों से,
क्यों इतना डर जाए ॥
सुख सुविधाओं का तेरे जीवन में,
बना रहा अभाव सदा ।
फिर भी तेरे चेहरे पर,
संतोष का रहा प्रभाव सदा ॥
तेरे तो खुद के पुरखों ने,
पर्वत तोड़ खेत बनाया था ।
चुन-चुन पत्थर उन खेतों से,
मिट्टी में सोना उगाया था ॥
ऐसा कोई कष्ट नहीं,
जिसे सीने पर ना तुमने झेला हो ।
प्रकृति का ऐसा कोई खेल नहीं,
जो हंसकर ना तुमने खेला हो ॥
कंकड़, पत्थर और कांटों को,
राह से तुझे हटाना होगा ।
तू हिम के आंचल का वांसी है,
पर्वत चीरकर राह बनाना होगा ॥

35. सोचो-सोचो तो जरा

पशु-पक्षियों की भाषा,
अगर मैं जान जाता ।
सोचो-सोचो तो जरा,
कितना मजा आता ॥
कुत्ते को अपने पास,
उसकी भाषा में बुलाता ।
उसकी वफादारी का राज,
मैं भी जान जाता ॥
चीते से पूछ लेता,
तेज कैसे भागें ।
उल्लू से प्रश्न करता,
रात में कैसे जागें ॥
मिट्ठू तोते से पूछता,
वह हरी मिर्च क्यों खाए ।
नटखट बंदर से पूछता सवाल
उसे केला इतना क्यों भाए ॥
जिराफ से प्रश्न करता किसने बनाई,
उसकी गर्दन सुराहीदार ॥
इसी तरह सब पशु-पक्षियों से,
मैं रोज सुबह शाम बतियाता ।
सोचो-सोचो तो जरा,
सच में कितना मजा आता ॥

36. शिक्षा के बालवीर

शिक्षा के बालवीर
हम शिक्षा के बालवीर जिस दिन,
एक आवाज में बोलेंगे ।
कई सिंहासन उस दिन,
डगमग-डगमग डोलेंगे ॥
शिक्षा के हथियार को जिस दिन,
खुलकर हम चलाएंगे,
हमारे हक को खाने वाले,
उस दिन बहुत पछताएंगे ॥
तेरी हर एक मनमानी पर,
हम नजर गड़ाए बैठे हैं ।
शिक्षा क्रांति की ज्वाला को,
मन में दबाए बैठे हैं ॥
जिस दिन चिंगारी भड़केगी,
लावा क्रांति का फूटेगा ।
बांध सब्र का भरा हुआ है,
जल्दी ही वह भी टूटेगा ॥
तुम सब बह जाओगे सैलाब में,
जब तीर प्रश्नों के दागेंगे ।
जब उत्तर ना बन पाएगा तुम सबसे,
सब मैदान छोड़कर भागेंगे ॥

37. जल जीवन

चल बेटा बावड़ी को संवारें,
थोड़ा-थोड़ा नीर बचा लें ।
जब जल ही नहीं होगा,
फिर कल भी नहीं होगा ॥
जिस झरने से हम जल भरते थे
वह झरना तो अब सूख चुका है ।
बरखा वाला काला मेघ भी,
अब हमसे रूठ चुका है ॥
टिप-टिप रिसते जल की बूंदों को,
समय-समय पर भरना होगा ।
जल संरक्षण के नाम का,
एक आंदोलन करना होगा ॥
यूं ना हो कि हम रह जाएं,
खेलों और किताबों में ।
जल की अंतिम बूंद भी सूख जाए,
नदी, झरनों और तालाबों में ॥
पढ़कर कुदरत के संकेतों को,
आओ अभी संभल जाएं हम ।
जल स्रोतों को पुनर्जीवित कर,
जल जीवन बचाएं हम ॥

38. छुट्टी की घंटी

अंतिम विषय की थी जब कक्षा,
बंद पड़ा गोलू का बस्ता ।
गुरुजी विज्ञान पढ़ाएं
गोलू मंद-मंद मुस्कुराए ॥
गोलू जी बस बैठे तैयार,
छुट्टी की घंटी का इंतजार ।
गुरु जी के चढ़ गए हत्थे,
गोलू जी फिर हक्के-बक्के ॥
प्रश्न का उत्तर दे ना पाए,
गोलू के सूखे प्राण ।
टन-टन फिर बज उठी घंटी,
उसकी जान में आई जान ॥
छुट्टी की घंटी ने जान बचाई,
बाहर निकलकर कुल्फी खाई ।
गप्पों में फिर कट गया रस्ता,
घर जाकर फिर पटका बस्ता ॥
भाग गया फिर गली की ओर,
जहां खेल कूद का मचा था शोर ।
सबको चक्कर में डाला है,
गोलू का अंदाज निराला है ॥

39. इतिश्री

सागर से उठी बूंद,
अंतकाल सागर में समाई ।
मृत्यु से जीते बस मृत्युंजय,
बाकी सब की होनी है इतिश्री ।
आखिर घमंड है किस बात का,
जो बातें करते हो बड़ी-बड़ी ।
मृत्यु से जीते बस मृत्युंजय,
बाकी सब की होनी है इतिश्री ॥
समाज में दर्जा ऊंचा- ऊंचा,
हरकतें क्यों हैं गिरी गिरी ।
मृत्यु से जीते बस मृत्युंजय,
बाकी सब की होनी है इतिश्री ॥
तूफानों से कांपा अंबर,
भूकंपों से हिली है धरती ।
मृत्यु से जीते बस मृत्युंजय,
बाकी सब की होनी है इतिश्री ॥
कुछ तो प्रायश्चित कर ले,
जब मानस की जून मिली ।
मृत्यु से जीते बस मृत्युंजय,
बाकी सब की होनी है इतिश्री ॥

40. कौन विजेता

बस्ती-बस्ती, नगर-नगर,
कौन विजेता घूम रहा है ।
ढोल-नगाड़ों के शोर में,
किस मस्ती में झूम रहा है ॥
छोटी-छोटी जीतो पर,
क्यों इतना उत्पात मचाए ।
हर एक नई विजय से उसके,
अभिमान का पारा चढ़ता जाए ॥
कालचक्र का पहिया भी,
खूब बराबर घूम रहा है ।
बड़ी दूर ना यम का द्वार अब,
अरे यह सब क्यों भूल रहा है ॥
कुछ करले काम भले के,
या शोर तो थम ही जाएगा ।
वह होगा यहां सिकंदर लेकिन,
उधर खाली हाथ ही जाएगा ॥
उसके इस कोलाहल से,
सब्र काल का टूट रहा है ।
बस्ती-बस्ती, नगर-नगर,
कौन विजेता घूम रहा है ॥

41. बचपन के चोर

सपने मुझे बड़े-बड़े दिखाकर,
छोटी खुशियां भी ना ले जाना ।
ओ बचपन के चोर,
मुझसे मेरा बचपन ना चुराना ॥
मेरी छोटी-मोटी गलती पर,
जोर-जोर से ना चिल्लाना ।
मैं हूं बच्चा एक इंसान का,
रोबोट ना मुझे बनाना ॥
मद्धम-मद्धम है चाल मेरी ,
मुझे बहुत तेज ना दौड़ाना ।
मैं टूट ना जाऊं अंदर से,
तुम इतना भी ना जोर लगाना ॥
कोमल सी है आंखें मेरी,
देर रात तक ना जगाना ।
पूरी होने देना नींदें मेरी,
सुबह बड़ी जल्दी ना उठाना ॥
मैं हर पल सीख रहा हूं नया,
तुम भी थोड़ी सी दया दिखाना ।
ओ बचपन के चोर,
मुझसे मेरा बचपन ना चुराना ॥

42. परीलोक की सैर (लोरी)

निंदिया रानी अब तुम रख दो,
पलकों पर अपने कोमल हाथ ।
दूर लोक अब मैं जाऊंगी,
चंदा मामा के साथ ॥
अपने कंधे पर मुझे बिठाकर,
उड़ चले गगन के पार ।
जहां मुझे ढूंढ रहा है ॥
चंदा मामा का परिवार ॥
रास्ते में टिमटिम करते तारे,
स्वागत को खड़े थे यार ।
सबसे मिलकर फिर हम पहुंचे,
परीलोक के द्वार ॥
परियों संग खूब खेले,
उनके सब जादू के खेल ।
वहां हवा में हमने चलाई,
छुक छुक करती जादुई रेल ॥
खेल-खेल में थककर सचमुच,
जब परियों को नींद आई,
चंदा मामा ने भी एक मीठी,
लोरी गाकर सुनाई ॥

खूब घुमाकर चंदा मामा ने,
खेल रचा एक न्यारा ।
चुपके से बिस्तर पर मुझे सुलाकर,
खुद हो गए नौ-दो-ग्यारह ॥

43. निसंदेह विजयी भव

सूर्योदय की प्रथम किरण का,
कर हाथ जोड़ वंदन ।
उठ माटी के नन्हे लाल,
निसंदेह विजयी भव

उस ऊर्जा के केंद्र को,
थोड़ा जल अर्पित कर ।
उठ माटी के नन्हे लाल,
निसंदेह विजयी भव ॥

अंधेरे को चीरते प्रकाश को,
थोड़ा कर ले तू अनुभव ।
उठ माटी के नन्हे लाल,
निसंदेह विजयी भव ॥

भोर के इस निर्मल क्षण का,
तू भी साक्षी बन ।
उठ माटी के नन्हें लाल
निसंदेह विजयी भव ॥

कर पूर्व दिशा में मुख,
दिनकर का स्वागत कर ।
उठ माटी के नन्हें लाल,
निसंदेह विजयी भव ॥

44. नुक्कड़ का नामी दर्जी

ओ नुक्कड़ के नामी दर्जी,
ऐसी भी क्या बेदर्दी ।
स्कूल में सब पूछें मुझको,
कहां सिलवाई ऐसी वर्दी ॥
दो दिन के काम को,
लगा दिए हफ्ते चार ।
महंगे कपड़े का भी तुमने,
कर दिया बंटाधार ॥
अचकन ढीली कर दी तुमने,
और तंग सिली पतलून ।
भला-पूरा नाप लेकर भी,
मुझे बना दिया कार्टून ॥
टखनों तक भी यह ना पहुंचे,
यह कौन सा नया रिवाज ।
अचकन भी है नया नमूना,
बटन बड़े और छोटे काज ॥
चार दुकाने छोड़ गली की,
मैंने वर्दी तुमसे सिलवाई ।
मुंह दिखाने के काबिल ना छोड़ा,
तुमने तो मेरी नाक कटाई ॥

45. रक्षाबंधन का त्यौहार

रक्षाबंधन का त्यौहार है आया,
मन में प्रेम भाव भर आया ।
बहना तुम राखी पहनाना,
मेरी मनपसंद मिठाई लाना ॥
राखी की थाली के ऊपर
कुछ रंग-बिरंगे फूल सजाना ।
और फिर उसमें धूप जलाकर,
कलाई पर राखी पहनाना ॥
उपहार तुम्हें लाया हूं मैं,
अपनी गुल्लक को तोड़ ।
आओ बहना त्योहार मनाएं,
पुराने झगड़ों को छोड़ ॥
मिठाई के छोटे से टुकड़े से,
मेरा मुंह मीठा कर देना,
जब मैं चरण स्पर्श करूंतो तुम,
आशीर्वाद में प्यार भर देना ॥
प्रेम भाव से भरा रहे सदा,
रक्षाबंधन का त्यौहार ।
यूं ही बना रहे हमेशा,
सब भाई-बहनों का प्यार ॥

46. खाद्य चक्र के क्रूर नियम

देखो-देखो गजब निराला,
अक्कड़-बक्कड़ का यह मेल ।
आओ बच्चो मिलकर जाने,
खाद्य श्रृंखलाओं का यह खेल ॥
बोरी में भरे अनाज को,
चट कर गया चूहा आज ।
चूहे को फिर सांप निगल गया,
सांप को लेकर उड़ गया बाज ॥
घास चरते हिरण को खा गया शेर,
मौत के बाद खुद भी बना मिट्टी का ढेर ।
अपघटकों ने उसे मिट्टी से खाद बनाया,
बनकर घास पुनः हिरण के पेट में आया ॥
जल के शैवाल को छोटे कीड़े खाएं,
एक छोटी मछली कीड़ों को चट कर जाए ।
छोटी मछली के शिकार को बड़ी बैठी तैयार,
और मनुष्य बड़ी मछली का जमकर करे शिकार ॥
शिकार बन जाने का खतरा,
यहां हर शिकारी पर मंडराता है ।
खाद्य चक्र के क्रूर नियम से,
प्रकृति का संतुलन बन जाता है ॥

47. दादा जी के खेत

विद्यालय की छुट्टियों में,
जब दादाजी से मिलने जाते हैं ।
तो सदा उनके खेतों में,
हरियाली ही पाते हैं ॥
बर्फ सी सुंदर लगती,
फूल गोभी की क्यारी ।
हरे मटर की फलियां हमको,
लगती बहुत ही प्यारी ॥
किसी खेत में लाल टमाटर,
किसी खेत में कद्दू की बेल ।
कहीं मिट्टी से बाहर झांके आलू,
पत्तों को एक तरफ धकेल ॥
खेतों में खड़े दादा जी,
पूरे कृषि वैज्ञानिक लगते ।
हर एक फूल-पत्ती का,
वह ध्यान बराबर रखते ॥
दादाजी के खेतों में मिलता,
पूरा का पूरा कृषि विज्ञान ।
हरे-भरे खेतों में आकर,
होता फसलों का सारा ज्ञान ॥

48. फलदार पेड़ पुराना

आंगन का फलदार पेड़ पुराना,
जो पुरखों ने कभी लगाया था ।
परदादा ने भी बाड़ लगाकर,
मिटने से उसे बचाया था ॥
उसकी शीतल छाया में,
दादाजी भी बैठा करते थे ।
जेठ की दुपहरी में उसके नीचे,
हर दिन अखबार पढ़ा करते थे ॥
मैं भी उसकी टहनी से तोड़कर,
मीठे फल खाता था ।
और शाम को वहां बैठकर,
ठंडी हवा के झोंके पाता था ॥
मेरे बेटे को वह थोड़ा अखरा,
आंगन के बीचों बीच ।
फिर भी मेरा मन रखने को,
देता था कभी-कभी उसको सींच ॥
पोता तो ढक देना चाहता था,
आंगन को छत और दीवारों से ॥
उसके तर्कों से हारा पेड़ पुराना,
वह तो पूरा हठधर्मी है ॥
पेड़ काटकर अब कहता है
दादाजी, आंगन में बहुत गर्मी है ॥

49. एक तुतलाती गुड़िया

एक तुतलाती गुड़िया,
एक आफत की पुड़िया ।
आंगन में चलती लड़खड़ाए,
चुपके से उठाकर मिट्टी खाए ॥
कभी प्यार से हाथों को जोड़े,
कभी पापा जी की मूंछ मरोड़े ।
नई है उसकी दुनिया,
एक छोटी सी मुनिया ॥
जो भी उसे गोदी में उठाए,
काम-वाम सब भूल जाए ।
सुंदर झूले पर लेटी-लेटी,
सबको लगे वह अपनी बेटी ॥
कोई कहे उसे चांद का टुकड़ा,
कोई कहे आंखों का तारा ।
एक तुतलाती गुड़िया,
एक आफत की पुड़िया ॥
पूरे घर की दौड़ लगाए,
रात को फिर थक कर सो जाए ।
मम्मी की छोटी चिड़िया,
एक तुतलाती गुड़िया ॥

50. परिवर्तन

परिवर्तन है स्वाभाविक ,
स्वतः होता ही जाता है ।
जैसे पतझड़ बीत जाने पर,
ऋतुराज बसंत आता है ॥
हर पतझड़ के मौसम में,
जब सारे पत्ते झड़ जाते हैं ।
स्थिर खड़े रहते हैं पेड़ मगर,
किंचित मात्र न घबराते हैं ॥
उन्हें रहता है विश्वास,
कि ऋतुराज बसंत आएगा ।
उनके खोए हुए गौरव को,
सहर्ष उन्हें लौटाएगा ॥
ग्रीष्म ऋतु में सूर्य देव यहां,
जब तपती गर्मी बरसाते हैं ।
उमड़ते काले मेघ फिर,
मानसून ले आते हैं ॥
ग्रीष्म, वर्षा, शरद, बसंत
सब ऋतुएं बारी-बारी आती हैं ।
परिवर्तनशील समय की सबको,
झलक दिखलाती जाती हैं ॥

51. कवि

एक कवि के जीवन में,
कुछ भी ना होता निरर्थक,
शब्दों को बार-बार तोड़कर,
वह करता जाता उनको सार्थक ॥
वह तो है कलम का दास,
उसके सिर पर मां शारदा का हाथ ।
शब्दों के कई धागों को लेकर,
बुन लेता है शब्दों के जाल ॥
पहले शब्द जाल बुनता,
फिर तुकबंदी को चुनता ।
सूरज चंदा या हो धूप,
सबको देता कविता का रूप ॥
कई विषयों को दिन-रात खोजे,
फिर नए नवेले शीर्षक सोचे ।
चंचल और स्वच्छंद विचार,
टिक नहीं पाते बार-बार ॥
कल्पनाओं के मंथन में,
डूबा रहता कलम का दास ।
नित नई रचनाओं का,
कवि करता रहे प्रयास ॥

52. गौरैया

घर, छत और आंगन से गायब है,
मेरी मुंडेर की गौरैया ॥
खूब तरक्की कर ली मैंने,
मुंडेर भी पक्की कर ली मैंने ।
पर दाना चुगने अब ना आती
मेरी मुंडेर की गौरैया ।
तब चोंच भर-भर खाती थी,
सखियों से लड़-लड़ खाती थी ।
दाना अब क्यों ना खाती है,
मेरी मुंडेर की गौरैया ॥
अब पंछी नए नवेले आते हैं,
सब दाना चुग जाते हैं ।
फिर चहचहाती क्यों ना आती,
मेरी मुंडेर की गौरैया ॥
क्या उसे किसी बाज ने खा लिया,
या कोई नया मुंडेर बना लिया ।
या विकास की बलि चढ़ गई,
मेरी मुंडेर की गौरैया ॥
इतना भी ना रूठो हमसे ,
मेरे आंगन की नन्ही चिड़िया ।
लौट आओ और खूब चहचहाओ,
मेरी मुंडेर की गौरैया ॥

53. खरपतवार के बीज

खरपतवार के बीजों सी,
जब जिद उगने की पालोगे ।
बिना सहारे के ही एक दिन,
अपने लक्ष्य को पा लोगे ॥
बरसों तक मिट्टी में रहकर भी,
जिनके हौसले ना मरते हैं ।
प्रतिकूल समय का सामना भी,
यह बीज डटकर करते हैं ॥
कोई इनको खाद न देता,
ना पानी को पूछते हैं ।
फिर भी लड़कर फसलों से,
भोजन अपना ढूंढते हैं ॥
कहने को होते शत्रु कृषक के,
पर सीख बड़ी दे जाते हैं ।
विषम परिस्थितियों से लड़ने की,
कला उसे सिखाते हैं ॥
कुछ सीखो खरपतवार के बीजों से,
निश्चय ही मंजिल पा लोगे ।
खरपतवारों के बीजों सी,
जब जिद उगने की पालोगे ॥

54. प्रथम उड़ान

प्रथम उड़ान भरने से पहले,
कर पंखों को कठोर खगा ।
इन्हें बार-बार फहराना है,
तुझे मीलों दूर तक जाना है ॥
अब तक मां-बाप ने पाला था,
मुंह में लाकर दाना डाला था ।
अब होगी तेरी परख खगा,
दिल रहा है तेज धड़क खगा ॥
जब पहले डर को भांपेगा,
संभवतः कलेजा कांपेगा ।
रखना खुद पर विश्वास खगा,
हर शक्ति तेरे पास खगा ॥
तू जब-जब आंखें मीचेगा,
ध्यान शिकारी का खींचेगा ।
रखना खुद का ध्यान खगा,
वहां होता ना किसी का कोई सगा ॥
तू रखना लक्ष्य सटीक खगा,
तू रहना सदा निर्भीक खगा ।
भर ले तू प्रथम उड़ान खगा,
ताकत पंखों की पहचान खगा ।
इन्हें बार-बार फहराना है,
तुझे मीलों तक उड़ते जाना है ॥

55. संदेश

अगर ना बन पाओ चंदा तो,
एक तारा ही बन जाना ।
जो तारा भी ना बन पाओ तो,
तुम बिल्कुल भी ना घबराना ॥
सूरज सा रोशन ना कर पाओ तो,
शीतल चांदनी ही दे देना ।
फिर भी अगर असफल हुए तो,
तुम दिल पर मत ले लेना ॥
छोटा सा जुगनू भी रात को,
रोशन करने को चलता है ।
आगे भले अंधेरा हो उसके,
मगर अपने पीछे लौ करता है ॥
छोटी-छोटी खुशियों को,
अपने जीवन में भरना ।
चाहे जो भी हो जाए जीवन में,
तुम अपना जी छोटा मत करना ॥
तुम अपनी नैया के मालिक,
नभ, थल और जल रहे तुम्हारा ।
एक भला मानस बन जाना,
तुम्हें यही संदेश हमारा ॥

56. पुस्तकालय के दिनकर

पुस्तकालय के गोदामों को,
दिनकर आज भी रोशन करते हैं ।
एक कोने में बैठे मुंशी जी,
नए गबन को लिखते हैं ॥
छलिया बनकर हरिवंश जी,
मधुशाला आज भी गाते हैं ।
मदिरालय का पता बताकर,
पुस्तक में बस जाते हैं ॥
पंत, निराला और महादेवी वर्मा,
कविता लिखते जाते हैं ।
कुछ सपनों के मर जाने पर भी,
नीरज आस जगाते हैं ॥
मरदानी लिखने पर सुभद्रा भी,
अब नई नायिका ढूंढती है ।
सत्य हरिश्चंद्र की रचना भी,
अब नए किरदारों पर घूमती है ॥
कागज के टुकड़ों के जल जाने से,
साहित्य नहीं मिटा करते हैं ।
इनको जलाकर मिटा देने से,
इतिहास नहीं छुपा करते हैं ॥
क्योंकि पुस्तकालय के गोदामों को,
दिनकर आज भी रोशन करते हैं ॥

धन्यवाद संदेश

नोशन प्रेस प्रकाशन व उनके समस्त सहयोगियों का हृदय से धन्यवाद करती हूं जिनके कुशल प्रकाशन से यह कार्य साकार हो सका है। मेरे प्रथम काव्य संग्रह की एक कविता भी अगर किसी पाठक को अच्छी लगेगी तो लेखिका अपने प्रयास को सफल समझेगी।